W0345152

Ein Baumhaus begleitet Kinder oft bis an die Schwelle zum Erwachsenwerden.

© Edition Treder und Treder
Verantwortlich: Achim Treder

18055 Rostock, Edith-Lindenberg-Straße 46 (Copyright ©)
E-Mail: edition@trederundtreder.de; Tel.: +49.(0)381.120 19 89
www.trederundtreder.de

Projektleitung: Achim Treder
Lektorat: Lore Treder;
Grafische Unterstützung: Marion Janski;
Fotos (wenn nicht anders gekennzeichnet): Achim Treder.
Alle Rechte an den Texten und Fotos beim Verlag und den Autoren. Fotos aus Datenbanken entsprechend den jeweiligen Nutzungsbestimmungen.

Kein Teil dieser Publikation darf in irgendeiner Form ohne schriftliche Genehmigung der Rechte-Inhaber kommerziell reproduziert, gespeichert, vervielfältigt, verbreitet oder anderweitig publizistisch genutzt werden..

Druck und Weiterverarbeitung:
Druckerei Weidner, Carl-Hopp-Straße 15, 18069 Rostock
1. Auflage, 2014

ISBN 978-3-943642-91-9

Auf ein Wort

Liebe Leser, liebe Baumhaus-Freunde, liebe Gleichgesinnte.

Mit diesem Büchlein bringen wir eine Publikation zu Ihnen, wie wir sie uns vor einigen Jahre im Buchhandel gewünscht hätten – damals jedoch vergebens suchten. So gesehen, erfüllen wir uns einen eigenen Wunsch, und wir hoffen, dass auch Sie daran Freude haben; davon profitieren. Als wir den Entschluss gefasst hatten, für unsere Enkeltöchter auf unserem recht kleinen Grundstück ein Baumhaus zu errichten, schauten wir uns im Buchhandel nach Ideen um. Nach einem Buch, das uns Anregungen liefern sollte.

Nun ist es nicht so, dass es keine Literatur zum Thema Baumhaus-Bau gibt. Doch die Titel, die wir damals in den Händen hielten, verlangten von uns einen Aufwand, den wir nicht leisten konnten, und örtliche Voraussetzungen, die wir einfach nicht hatten. Natürlich hätten wir unser „Problem“ auch mit einem Bausatz vom Baumarkt lösen können. Doch um wieviel spannender ist es – besonders für die künftigen „Hausherren“ – zu sehen, wie sich Papa oder Opa ins Zeug legen.

In der Folgezeit haben wir bei Spaziergängen und auch im Internet eine ganze Reihe von Eigenkreationen entdeckt, die wir für nachbaubar halten; vorausgesetzt ein Mindestmaß an handwerklicher Begabung. Die jeweiligen Erbauer unserer Entdeckungen begegneten uns mit sehr viel Freundlichkeit, als wir nachfragten, ob wir ihre Schöpfungen in unserem Projekt vorstellen dürfen. Dafür auch an dieser Stelle noch einmal herzlichen Dank. Danke auch an alle, die sich mit Wort und Bild (teils gewollt anonym) beteiligten.

Obwohl es beim Entstehen dieses Büchleins auch freundliche Angebote von kommerziellen Baumhaus-Konstrukteuren gab mitzuwirken, legten wir den Fokus am Ende doch konsequent auf solche Konstruktionen, deren Nachbau uns für jeden Vater oder Großvater als realistisch erscheint.

Das Buch enthält keine Statik- oder Konstruktionsunterlagen! Wo dies notwendig ist oder gewünscht wird, sollte der Bauherr einen entsprechenden Fachmann konsultieren. Das Buch erhebt ausdrücklich auch nicht den Anspruch *anLeiten* zu wollen. Es soll lediglich *anRegen*.

Ihnen allen wünschen wir viel Spaß bei der Lektüre.
Ihre Lore Treder und Ihr Achim Treder

Lotti hat jeden Schritt beim Bau ihres Stelzenhauses unmittelbar begleitet. Zunächst die Leiter für ein erstes Podest . . .

. . . und ein paar Jahre später errichtete sie mit Opi und Schwester Greti auch ein richtiges Haus darauf.

Baum- oder Stelzenhaus?

Die Frage, ob wir uns lieber ein „echtes“ Baumhaus als Ziel setzen oder doch „nur“ ein Stelzenhaus, wird meist durch den geeigneten Baum beantwortet, den es auf dem Grundstück gibt – oder eben nicht. Wir sollten uns aber keinesfalls von so genannten Baumhausexperten einreden lassen, dass ein Baumhaus ohne Baum, also ein Stelzenhaus, nichts wert ist. Freilich macht ein integrierter Kletterbaum das Ganze attraktiver, doch kann ein freistehendes Spielhaus auf einem Podest die Fantasie unserer Kinder ebenso anregen. Im Zweifelsfall suchen wir einen Kompromiss und bauen unser Projekt in die Nähe nichttragender Bäume oder Sträucher – oder pflanzen solche neu an.

Genehmigung

Baurecht ist in Deutschland Landessache. Im Zweifelsfall sollten wir also vor Beginn unserer Aufbauarbeiten in die zuständige Landesbauordnung schauen. Diese sieht in der Regel eine Mindestgröße für bauliche Anlagen vor, die einer

Kletterwand – ein Spielhaus lässt sich mit weiteren Spielmöglichkeiten kombinieren.

Ökologisch: den Baum möglichst nicht beschädigen – ihn stattdessen integrieren.

Genehmigung bedürfen. Minimalvarianten, wie wir sie hier vorstellen, sind meist nicht genehmigungspflichtig. Insbesondere dann nicht, wenn sie nicht zum Wohnen errichtet werden und nicht mit einer Strom- und/oder Wasserversorgung ausgestattet sind.

Hier keine Anleitungen

Während vergleichbare Konstruktionen, etwa auf Abenteuerspielplätzen in der Regel durch einen Sachverständigen begutachtet und abgenommen werden, ist der Eigenbauer eines Kinder-Tummelplatzes für die Sicherheit allein verantwortlich. In diesem Buch finden Sie keine Bauanleitungen oder statischen Berechnungen. Bei einem Nachbau – auch einzelner Details – durch Sie lehnen wir jedwede Verantwortung für die Sicherheit ab.

Konstruktionshinweise, die Sie im hinteren Teil dieser Publikation finden, sollen lediglich auf Lösungsmöglichkeiten hinweisen.

Bitte ziehen Sie einen Fachmann zu Rate, wenn Sie sich nicht sicher sind, ob Ihre Konstruktion für die künftigen Nutzer wirklich in allen Belangen sicher ist.

Was ist altersgerecht?

Diese Frage wollen wir mit Empfehlungen beantworten, die wir bei verschiedenen Herstellern industriell gefertigter Spielhäuser fanden. Obwohl diese sich nicht ganz einig sind, ist doch erkennbar, dass Kleinstkinder vor der Vollendung ihres dritten Lebensjahres nicht – auf gar keinen Fall aber nicht ohne unmittelbare Aufsicht – in hochgestellten Spielhäusern spielen sollten. Manche Empfehlungen nennen auch vier oder fünf Jahre als Grenze. Auch Kinder im Vor- und Grundschulalter sollten beaufsichtigt werden, wenngleich bei ihnen bereits eine andere Bewegungssicherheit vorausgesetzt werden darf.

Aufstieg und Geländer

Neben der allgemeinen Standsicherheit und der Festigkeit von baulichen Teilen sind weitere Grundregeln zu beachten. Beispielsweise muss eine freistehende Treppe ein Geländer haben. Eine hochgestellte Aufenthaltsebene muss durch ein Geländer begrenz werden, das den Kindern, die das Spielhaus nutzen, bis zur Brust reicht. Eine Leiter als Aufstieg benötigt zwar kein Treppengeländer, doch sollten Stufenabstand und insbesondere die Lage der obersten Stufe so gewählt werden, dass die Kinder möglichst einfach von der Leiter auf die obere Ebene gelangen.

Schiebbare Fensterläden – für Kinder interessant, doch Klemm- und Quetschgefahr.

Originelles Fenster. Es stammt aus einer ausrangierten Waschmaschine.

Achtung! Quetschgefahr

Interessant ist alles, was sich bewegen lässt: Fensterläden, Türen, Klappen über Strickleitern. Haben Sie bei deren Konstruktion bitte immer die Möglichkeit vor Augen, dass sich unsere Kleinen quetschen könnten!

Altholz ist willkommen

Neben Bauholz vom Baumarkt kommt für unser individuelles Spielhaus auch viel Material infrage, das auf unseren Böden oder in Kellern schlummert. Der Fantasie sind keine Grenzen gesetzt. Nur sollten wir immer beachten, dass Metallteile Verletzungen verursachen können und Altholz unbedingt auf seine Tragfähigkeit geprüft werden sollte.

Stelzenhaus ist angelehnt am Klassiker

Unseren ersten Selber-(nach)-bau-Vorschlag entdeckten wir auf dem Grundstück einer Tagespflegegruppe. Die Grundidee dieses Stelzenhauses ist quasi an dem ‚Klassiker schlechthin' angelehnt: ein Podest, auf dem ein Haus aufgestellt wurde, eine kleine Galerie halbseitig um das Haus herum mit Geländer, eine Leiter, eine Rutsche. Die Podesthöhe ist an die (Baumarkt)-Rutsche angepasst und beträgt 1,40 Meter.

Und dennoch ist es den ganz konkreten Grundstücksbedingungen angepasst worden. Vor allem die sehr begrenzte Grundstücksgröße stellte die Frage nach dem Standort des Kinderhauses. Hierfür bot sich eine etwa zwei Meter breite Naturhecke an der Grundstücksgrenze an. In diese Hecke ist das Stelzenhaus hineingebaut worden. Fenster und „Balkon" zeigen in Richtung Park, in dem es doch sooo viel zu entdecken gibt: Hasen, Spaziergänger mit Hunden, ab und an mal ein Rasentraktor.

Haus der Riesen und der Zwerge

Malen, Naschen, Kuscheln

Das „Haus der Riesen und der Zwerge" macht seinem Namen alle Ehre. Die elfjährige Lotti und ihre Schwester Greti (8) legen sehr gern den Fußboden mit Sitzkissen der Gartenmöbel aus, um in ihrem Rückzugsraum zu malen, zu naschen, zu kuscheln. Auch Jette (3) und Marlon (2) genießen den „Tapetenwechsel".

Vorsicht, Klemmgefahr!

In unserem Beispiel erkennen wir eine Reihe beweglicher Teile: schiebbare Fensterläden in Schienen und auf Rollen, abklappbare Bänke (einschließlich Tisch). Hier sollten wir Acht geben, dass kleine Kinder diese Technik entweder nicht allein erreichen und/oder Klemmgefahren minimiert werden.

Das Haus bietet Platz für Gemütlichkeit zu zweit. Damit dies auch so bleibt, sind die nachträglich eingebauten Sitzmöbel abklappbar gestaltet worden.

Tisch und Sitzbänke sind mit Scharnieren versehen worden. Drei- und Vierjährige bekommen den Dreh des Umbaus schnell heraus.

Die Fensterläden laufen in einer Schiene auf jeweils zwei Rollen.

Fundament und Versteifung

Wenn wir uns in unserem Beispiel Details anschauen, entdecken wir verschiedene Konstruktions-Tipps: Tragfähige Kanthölzer, Querverstrebungen, Fundament-Anker sorgen für eine stabile Statik.

Um Hölzer fest miteinander zu verbinden, bietet der Baumarkt diverse nützliche Hilfsmittel: Balkenschuhe, Holzverbinder und vieles mehr.

Dankbar sind unsere Kleinen in jedem Fall, wenn sie Funktionelles vorfinden. Das kann ein versteckter Geheimgang sein oder aber einfach eine Tür, die sie schließen beziehungsweise ein Fenster, das sie öffnen können.

Querstreben steifen die Konstruktion aus und sorgen für Sicherheit.

Ein kleines Betonfundament und entsprechende Anker.

Die Leiter ist schnell anzustellen und wieder abzunehmen . . . *(weiter unten)*

Ein Geländer für die Sicherheit. Ein- und Ausstieg bekommen Querstreben.

. . . und kann im Bedarfsfall unters Stelzenhaus gehängt werden.

Bänke und Tische können bei Bedarf herunter geklappt werden.

Die Höhe ist im Gelände eingebaut

Maximilian war sechs, die Zwillinge Jonathan und Florian drei. Und Mutti Andrea musste unentwegt an ihre eigene Kindheit denken, in der sie sich so sehr ein eigenes Baumhaus gewünscht hatte. „Wir hatten zwar einen Schrebergarten, bauten dort Buden und Höhlen – aber ein richtiges Baumhaus, das wäre noch einmal etwas anderes gewesen", erzählt sie.

Das eigene Grundstück bot nun den Platz, und Vater Christoph griff die Idee gern auf. „Einen richtigen Plan hatte ich zunächst nicht", erzählt er. Lediglich der Standort war schnell gefunden: Ein Winkel des Grundstückes, in dem Bodenaushub, der beim Hausbau angefallen war, zu einem kleinen Berg aufgeschüttet war. Dieser Miniberg gibt dem Spielhaus eine gewisse Höhe, ohne, dass diese für die Jungs zu gefährlich wird.

Selbst die Hängebrücke, für die Opi Norbert seiner Kreativität freien Lauf ließ, wirkt abenteuerlich – und bleibt dabei völlig ungefährlich.

Spaß am Stelzenhaus hält Jahre an

Familie Hammer, die im Norden Deutschlands lebt, empfindet den Stelzenhaus-Aufbau auf dem eigenen Grundstück auch nach mehreren Jahren noch als eine gute Entscheidung. Die Jungs entfliehen noch immer mal gern den Blicken der Eltern. Maximilian, der inzwischen einen Computer hat, zieht sich besonders gern hinter die Wände seiner Burg auf den kleinen Berg zurück.

Für die drei Jungen ist das Stelzenhaus längst ein Zentrum für die Entwicklung ihrer eigenen Kreativität geworden. Mit Schaufel und Eimer gehen sie auch einmal ihrem Berg zuleibe; formen sie die Landschaft neben der Burg gern auch einmal um. Mit Fangnetzen (die es auf dem Baumarkt zur Sicherung der Ladung auf Autoanhängern gibt) und Seilen, die sehr unterschiedlich zu Anwendung kommen und kombiniert werden können, wird wahrhaftiges Piraten-Feeling geschaffen.

Sie beobachten ihre Umwelt aus einer gewissen Höhe. Und dennoch ist für Maximilian, Jonathan und Florian die „Fallhöhe" völlig harmlos.

Eine solide Konstruktion aus Kanthölzern trägt das Piratennest.

Wackelt dicht über festem Grund: die Abenteuer-Hängebrücke.

PUMA

Ein Haus, wie das der wilden Kerle

Nachdem sie den Film „Die wilden Kerle" gesehen hatten, gab es für die Zwillinge Rike und Basti (8) nur noch einen Wunsch: „So ein Haus, wie die wilden Kerle eins hatten – so eins wollten wir auch", erzählt Rike. Wie gut in so einem Fall, wenn man einen Vater hat, der Tischler ist. Und ein großes Grundstück, auf dem zwei Birnbäume stehen, die sich hervorragend als „Fundament" eignen – ja regelrecht nach einem Baumhaus schreien.

Vater Mark erinnert sich: „Was sollte ich da machen. Die beiden zeichneten mir das Haus auf und hielten mir ihren Plan vor die Nase. Darf man da ‚nein' sagen?"

Glücklicherweise hat ein Tischler immer auch ein paar Holzreste, die sich für kaum etwas besser eignen als für ein Baumhaus. Ein paar Baustützen, die später berankt werden, und die beiden sehr alten Birnbäume halten die fünf mal fünf Meter große Podest-Ebene, die wiederum das Haus trägt, in dem man auch übernachten könnte.

LOS ANGELES
world
520FT
tour
71

Auch ohne Baumhaus zog es Rike immer in den Birnbaum.

Spaß an Knobeln und Handwerk

Ein großer Wert ihres Baumhauses liegt für Rike und Basti darin, dass sie selbst ordentlich mit Hand angelegt haben beim Bau ihres neuen Tummelplatzes. Rike hat Altholz geschliffen und sogar gehobelt. Basti war immer zur Stelle, wenn Papa einmal eine dritte oder vierte Hand benötigte. So waren die beiden nicht nur Ideengeber und Konstrukteur, sondern auch Handwerker.

Besonderen Charme bekommt das Birnbaum-Haus auch durch die Verwendung vieler Details, die einmal völlig anderen Zwecken dienten.

Foto rechte Seite: Rike und Basti mit ihrem Plan.

Früh übt sich, wer sich später einmal sein eigenes Nest bauen möchte. Unter Anleitung ihres Papas erlangte Rike schon früh viele praktische Fertigkeiten.

Auch Basti musste nicht extra aufgefordert werden, wenn Papa jemanden zum Helfen benötigte.

world
520FT
tour

Der Birnbaum ist in die Grundfläche eingearbeitet worden.

Zeit und Kosten sind überschaubar

Ein wenig Arbeit macht der Bau eines Baumhauses schon. Und ganz ohne Investitionen geht es in den meisten Fällen auch nicht. Die Bauherren der in diesem Buch vorgestellten Baumhäuser berichteten von einem Zeitaufwand, der mehrere Wochen betrug – sich freilich reduzierte, wenn mehrere Arbeitskräfte zur Verfügung standen. Die Materialkosten wurden zwischen hundert und 600 Euro beziffert und hingen natürlich auch davon ab, ob Altholz und andere Materialien bereits vorhanden waren. Bei diesem Beispiel war es so.

Foto rechte Seite: Rike und Basti mit ihrem kleinen Bruder Karli.

Die fachgerechte Holzständerkonstruktion mit bereitgestelltem Altholz.

Papa als Dachdecker, Basti in seiner Rolle als Bauaufsicht.

Echte Piraten brauchen auch im Piratennest ein Steuerrad.

Alte Fensterläden wurden zur Eingangstür des Baumhauses umfunktioniert.

Planet Skate

Eine tolle Lösung, wenn wir einen Hang einbeziehen können. Foto: Jean Kobben | Fotolia.com

Das Fahrrad nicht nochmal erfinden

Wir möchten Sie an dieser Stelle ausdrücklich ermuntern, sich auch aus den Bildbibliotheken von Google und Co. Anregungen zu holen. Diese sind öffentlich zugänglich, und die Gedanken sind frei. Wir haben ein paar Beispiele erworben bzw. aus Datenbanken entnommen, in denen wir Mitglied sind. Auch ist es legitim, sich einmal auf Abenteuerspielplätzen umzuschauen, um vielleicht die eine oder andere Konstruktionslösung zu verstehen. Das alles gilt so lange, so lange Sie diese Tipps nicht für gewerbliche Vorhaben nutzen wollen. Dann sollten Sie das Urheberrecht der Konstrukteure berücksichtigen – und gegebenenfalls fragen.

Foto: photophonie | Fotolia.com

Foto: siwi1 | Fotolia.com

Kein Zugang für Mutti und Vati

Das letzte Mal, dass Mutti oder Vati Zugang zum Baumhaus hatten, war am Tag der Fertigstellung. Lotte hatte sich auserbeten, dass kein erwachsenentauglicher Zugang in ihr Reich führen wird. Sie nimmt lieber den Weg über den schräg zum Boden führenden Balken oder den über die Strickleiter auf sich, als dass sie sich ständig beobachtet fühlt.

Ein kleines, liebevoll designtes Stelzenhaus in einer neuen Wohnsiedlung direkt an der Ostsee. Und wenn Lotte sich auf ihrem Balkon auf Zehenspitzen stellt, dann hat sie manchmal das Gefühl, als könne sie aus ihrem Piratennest bis nach Dänemark schauen.

Zur Anwendung kamen hier sowohl Bauholzreste wie auch vorhandenes Altholz. Farbige Assessoires sorgen dafür, dass kein Spaziergänger am Grundstück unverzückt vorbei kommt.

Klein aber fein. Lottes Baumhaus ist schon deshalb ein idealer Rückzugsort, weil Mutti und Vati niemals stören kommen.

Bunt gestrichene Details machen das Stelzenhaus zum Hingucker.

Wer in Lottes Reich will, muss wirklich sportlich sein.

Kombination Fertigteil und Eigenleistung

Obwohl wir mit dieser Publikation ganz klar auf Ihre Fantasie und Kreativität zielen, wollen wir ausdrücklich betonen, dass Baumarkt- und Fertighauslösungen in vielen Fällen eine gute Alternative sind. Oft reichen Kraft oder Zeit des Vaters einfach nicht, um etwas ganz Individuelles aufs Grundstück zu stellen. Und manchmal ist die Weiterverwendung eines Spielhauses, das zunächst am Boden seinen Dienst tat, ja auch eine sinnvolle, ressourcenschonende Lösung.

Unsere Beispiele auf dieser Doppelseite zeigen, wie Spielhäuser aus dem Handel aufgepeppt und mit einem selbstgebauten Podest kombiniert wurden – und den Nutzern viel Spaß bereiten.

Speziell im Fall des Kunststoffhauses sind Alter und Größe der Kinder bald ein Problem. In diesem Fall ist das Haus später durch einen etwas größeren Holzaufbau ersetzt worden.

Das Haus ist einst von einem Versandhandel erworben und dann modifiziert worden. Kletter- und Turnmöglichkeiten peppen es ganz erheblich auf.

Rückzugsort für Anton (10) – in dieses Fenster hat niemand reinzuschauen.

Hier tat es zunächst das Kleinkinder-Kunststoffhaus auf dem Podest.

Video zeigt Vorzüge von Teamarbeit

Beim Googeln stießen wir im Internet auf das besonders schöne Baumhaus-Exemplar von Hartmut Stöpler, der uns freundlicherweise gestattete, sein Familienwerk, wie er es nennt, in diesem Ideenbuch aufzunehmen. Er hat den Bau des Hauses per Video dokumentiert (nebenstehend Impressionen aus dem Video), und gibt damit Einblick in die großen Vorzüge von Teamarbeit bei der Umsetzung eines solchen Vorhabens. Das Video ist bei Youtube hinterlegt und kann über den unten angegebenen Link geöffnet werden.

www.youtube.com/ watch?v=zltyuKTiHLA

Die Bezeichnung „Mirabellen-Baumhaus" ist ein Fingerzeig auf das Gerüst.

Auf die gekürzten Stark-Äste setzt das Grundgerüst des Holzständerbaus auf.

Fenster: Ein großes Baumhaus rechtfertigt eine aufwändige Ausstattung.

Vorhandene Restmaterialien drückten die Kosten von etwa 450 auf 150 Euro.

Wer die Welt nicht von Kind auf gewohnt wäre, müsste über ihr den Verstand verlieren. Das Wunder eines einzigen Baumes würde genügen, ihn zu vernichten.
Christian Morgenstern

Witzenhausen: Hier thront die Kirschkönigin

Das Staunen über Morgensterns „Wunder eines einzigen Baumes" war Ausgangspunkt für den Entwurf einer Station des Kirschenerlebnispfades Witzenhausen. Die Aussichtsplattform inmitten der Kirschbaumkrone ermöglicht dem Besucher, den Baum aus nächster Nähe zu bestaunen. Ein kleiner Thron für die Witzenhäuser Kirschenkönigin lädt zum Verweilen ein, von hier hat man einen eindrucksvollen Blick über die Kirschplantage ins Werratal und auf die Stadt.

Das Baumhaus ist aus massivem Robinienholz und Lärche gefertigt. Die Konstruktion wurde um einen bestehenden Kirschbaum herumgebaut, ohne diesen zu schädigen. Auf eine Betonierung der Stämme konnte verzichtet werden.
Text und Fotos: Georg Hefter

Professionell gemacht – und dennoch auch für Väter und Großväter als Anregung geeignet. Kirschen schmecken übrigens nirgendwo besser.

Der natürliche Unterbau der Plattform bestimmt deren Lage.

Besonderer Charme: die Integration der Äste des Baumes.

Mehr unter
www.georghefter.de

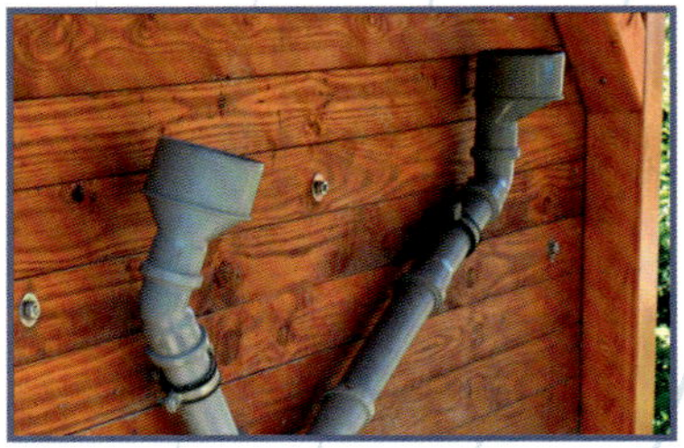

Am Sandkasten entdecken wir ein „Geheim"röhrensystem.

Kleiner Zusatz mit großer Wirkung

Wie auch an anderer Stelle erwähnt, macht man als Vater oder Großvater nichts verkehrt, wenn man der Idee des Klassikers unter den Stelzenhäusern folgt. Mit Blumengefäßen in Szene gesetzt, schmückt das Spielhaus von Leon (10) und Lina (7) sogar das Grundstück der Eltern. Wieder ist es ein Accessoire, das uns dazu verleitete, das Haus etwas näher anzuschauen. Eine kleine Investition in Kunststoffrohre aus der Sanitärabteilung des Baumarkts macht den Sandkasten unter dem Piratennest zu einem Ort mit geheimnisvollen Gängen für Sand und Wasser.

Gemeinsam geträumt – und gebaut

Als Familie Spieker in Pritzwalk ein Gartengrundstück übernahm, waren die Eltern noch offen für vieles, was ihre Planungen anbetraf. Das Grundstück musste ohnehin erst urbar gemacht werden. Doch eines stand für Vater Lutz sofort fest: Zwei stattliche Bäume bleiben auf jeden Fall stehen. Marie (damals 3) und Vincent (5) sollten eines Tages genießen, wovon der Vater als Kind oft träumte – ein Baumhaus.

Zwei Jahre später wurde es konkret. Vater Lutz fand schnell ein halbes Dutzend begeisterter Helfer; unter ihnen ein Tischler, ein Stellmacher und ein Dachdecker. Erste Skizzen entstanden, die Männer diskutierten viel und es wurde auch gemeinsam geträumt. Jeder hatte Ideen, ab und zu musste dieser Ideenreichtum sogar gebremst werden. *Rosemarie Zaulich*

Bild rechts: Markant für die Konstruktion sind die Bullaugen aus einer Waschmaschine sowie die erhaltenen Äste.

Ein paradiesischer Standort für ein Baumhaus. Die Idee hierfür war sofort als Plan gebucht, als die Eltern das Grundstück übernahmen.

Auch im Innern wird deutlich, wie naturbewusst die Baumhauserbauer mit diesem stattlichen Baumriesen umgingen.

Man gönnt sich ja sonst nichts. Für Marie und Vincent sind die Baumkronen zu ihrem zweiten Zuhause geworden. Fotos (S. 34 bis 37): Rosemarie Zaulich

Der Baum war für sie bald Mittelpunkt

Als Herausforderung empfand das Tüftler-Team die Frage der Befestigungsmöglichkeiten. In die Bäume nageln und bohren, war von vornherein tabu. Das Haus sollte so groß werden, dass zwei Liegen für die Kinder zum Übernachten reinpassen. Bretter, Schrauben, Winkel, Dachpappe gab es im Baumarkt, der Nachbar hatte noch ein großes, gut erhaltenes Fenster übrig. Dann ging's los. Immerhin brauchte es acht Wochen, bis Marie und Vincent Einzug feiern konnten.

Es war bald sozusagen ihr Lebensmittelpunkt. Die beiden spielten und übernachteten im Baum. Mit Freunden und ohne. Und dieses gern auch noch nach acht Jahren.

Rosemarie Zaulich

Der Baum ist sozusagen durch das Baumhaus hindurch gewachsen. Er hat keine Schraube, keinen Nagel ertragen müssen.

Foto: petrabarz | Fotolia.com

Foto: Sabine Schönfeld | Fotolia.com

Spiellandschaft ist Zentrum des Gartens

Belinda war fünf, ihre Schwester Anneliese gerade einmal ein Jahr, als Mama Antje Papa Sebastian beauftragte, den Garten zu einer Abenteuerlandschaft zu machen. Brüderchen Werner noch gar nicht geboren. „Wo wir vorher wohnten, gab es herrliche Bolz- und Tummelplätze", erinnerte sich die Mutter. „Als wir dann an den Stadtrand zogen, gab es nur einen klitzekleinen Spielplatz – nicht zu vergleichen mit dem, der früher vor unserer Haustür war." Auf gar keinen Fall sollten die drei Geschwister aber ohne eine solche Erfahrung aufwachsen.

Als Papa Sebastian dann angefangen hatte, konnte er nicht mehr aufhören. Erst ein kleines Podestchen mit einem Treppchen. Dann noch eine Treppe und ein Türmchen. Dran angebaut eine Schaukel mit einem Kletterseil. Unterm Turm ein Sandkasten. Unter der Treppe ein kleiner Kaninchenhof. Inzwischen dominiert die Spiellandschaft das Grundstück der Familie.

Riesen-Papa, muss sich nicht bücken

Die Geschwister nehmen die große Abenteuerlandschaft ihrem Alter entsprechend an. „Die Kleinen wagen sich nur ein paar Stufen", ist Mutter Antje froh, dass es so ist. Allenfalls bis zur mittleren Ebene.

Vater Sebastian hat es mit der Höhe sehr großzügig genommen. Er ist 2,06 Meter. „Ich habe so gebaut, dass ich mich noch auf dem Grundstück bewegen kann, ohne mich zu bücken", scherzt er. Ungeachtet dessen ist jeder Bereich der Anlage durch eine hohe Brüstung gesichert. Die Kletterwand ist so angebracht, dass es erst gar keine Versuchung geben kann, weiter nach oben vorzudringen.

Die Kletterlandschaft verfügt über Ebenen unterschiedlicher Höhe. So können auch die Kleinen, ihrem Alter entsprechend, die Kletterwelt erobern.

Von der ersten Ebene geht es zur Rutsche.

Alle Wege sind durch eine massive Brüstung gesichert.

Jeder Platz der Kletterlandschaft hat seine spezielle Funktion. Unter der Laufgalerie leben die Kaninchen der Familie.

Mit Strickleiter und Kaninchenhof

Die Kletterturmlandschaft von Belinda, Werner und Anneliese ist viel mehr als nur ein Stelzenhaus. Während sich Belinda (6) schon nach oben wagt, schaut Anneliese (2) den kleinen wuschelweichen Hasen zu, und Werner (1) vergnügt sich im Sandkasten unterm Turm.

Die Kletterlandschaft ist mit ihren vielen Extras ein wahrer Multisassa. Und weil Wernerchen noch nicht nach oben kann, hat er gleich nebenan sein eigenes Spielhaus (für Unter-Dreijährige) zu ebener Erde. Die Eltern gehen davon aus, dass der Garten noch über Jahre ein einziger Abenteuerplatz sein wird.

Der Sandkasten fand seinen Platz unterm Kletterturm.

Schaukel und Kletterseil sind in die Abenteuerlandschaft integriert.

Holzteile verbinden

Verblattung,Versatzung, Verzapfung, Verkämmung. Gehrung, Längsverbindung, Querverbindung, Eckverbindung, Schrägverbindung. Keine Angst, wir wollen uns nicht mit Tischlerspezialwissen belasten. Doch einige Prinzipien des Fachs zu kennen, schadet nicht, wenn wir uns an ein komplexes Vorhaben machen, wie es ein Baum- und ein Stelzenhaus nun einmal darstellen. Im Baumarkt wird es uns dank einer umfangreichen Metallverbinderauswahl leicht gemacht, Kanthölzer für Pfähle und Träger stabil aneinander zu fügen. Dank Winkelverbinder unterschiedlicher Größe, Balkenschuhen und anderer Hilfsmittel können wir auf die traditionellen Holzverbindungstechniken verzichten.

Aussteifen

Wir alle kennen es: Fügen wir zwei (Holz)-Teile an jeweils einem Ende zu einem Rechten Winkel zusammen, bleibt die Konstruktion weitenteils labil. Die Hebelkräfte erlauben es, den Rechten Winkel zu verformen. Fügen wir eine Querverbindung hinzu, so dass quasi ein Dreieck entsteht, bleibt der Rechte Winkel extrem stabil.

Holzverbindungselemente wie diese helfen uns zu stabilen Lösungen.

Wellplatten gibt es aus verschiedenen Kunststoffen, aus Metall und Faserzement.

Dies ist das Prinzip, das viele Holzkonstruktionen formstabil macht. Dabei ist es oft zweitrangig, wie groß wir unsere (Hilfs)-Dreieckkonstruktion wählen und ob wir ein gleichschenkliges Dreieck als Aussteifung schaffen oder einfach nur eine Schräge.

Wackeln unsere Pfähle bei Belastung, dann ist diese Technik meist die Lösung. Beispiele auch auf Seite 10/11.

Dach: Solide aber einfach

Wir haben mehrfach (Spiel)-Baumhäuser gesehen, die in Teilen einen Aufbau hatten wie ein Eigenheim. Insbesondere Giebelbleche im Dachbereich, auch Dachsteine und Dachrinnen zeugen möglicherweise von einer Liebe zum Detail, müssen aber nicht sein. Eine leichte Holzschalung mit Dachpappe – gegebenenfalls Pappschindeln – oder aber Platten, beispielsweise Wellplatten unterschiedlichen Materials, sind haltbar und ausreichend. Wichtig ist natürlich eine feste Anbringung, die Windlast ist nicht zu unterschätzen.

2 Fliegen mit einer Leiste

Zwei Fliegen schlagen wir mit einer Klappe, wenn wir Zu- und Abgänge zu bzw. von einer Plattform mit einer Leiste in Höhe des Sicherheitsgeländers ver„sperren". Wie unser Beispiel (Bild rechts) dokumentiert, gewinnt das Geländer zusätzliche Stabilität. Was aber viel wichtiger ist: Insbesondere kleinere Kinder – so sie die Plattform überhaupt schon betreten dürfen – bekommen durch diese „Sperren" zusätzliche Sicherheit geboten. Oben angekommen, verbreitet sich nämlich oft eine große Ausgelassenheit – der auf diese Weise natürliche Grenzen gesetzt werden.

Der Zugang zur Plattform erfolgt unter einer Leiste hindurch – ebenso der Ausgang Richtung Rutsche.

So wird's noch spannender

Die Minimalausstattung von erhöhten Spielhäusern besteht in der Regel aus einer oberen Plattform, zu der eine Leiter führt, aus einem Dach (oder einem ganzes Häuschen) und einer Rutsche. Immer wieder sahen wir, dass die Tobe-Inseln durch vermeintliche Kleinigkeiten erheblich aufgewertet wurden. Strickleitern machen sich besonders gut. Sie können als einziger Aufstieg, als alternativer oder auch als Geheim-Weg angelegt werden. Man kann sie leicht einziehen, um sich vor ungebetenen Geschwistern zu schützen, und es macht einen Heidenspaß, an ihnen hochzuklettern. Wenn die Strickleiter noch an einer geheimen Stelle mündet, beispielsweise in einem Schrank oder Verschlag, dann wird das Ganze noch aufregender. Vielfach werden Stelzenhäuser mit Kletterwänden ausgestattet. Ein Seil, an dem man sich von Mutti oder Vati den Korb mit der Schokolade oder dem Eis anhängen lassen kann, kommt ebenfalls gut an. Mehrfach sahen wir Seilbahnen, an denen man sich von der Empore hinab gleiten lassen kann.

Per Seilbahn geht es für Basti vom Baumhaus hinunter auf die Erde.

In eigener Sache:

Machen Sie doch einfach mit!

Die Arbeit an dieser Publikation hat uns gezeigt, dass es einen Bedarf hierfür gibt. Schon heute denken wir an eine noch umfangreichere Ideensammlung. Falls Sie Lust haben mitzumachen, dann schicken Sie uns doch bitte Ihre Baumhausgeschichte, dokumentieren Sie die Entstehung Ihres Spielparadieses. Wie Sie uns erreichen, lesen Sie vorn im Impressum.

Kugeln, Eier, Röhren. Runde und rundliche Formen faszinieren den Keramiker auf besondere Weise. Auch ohne Töpferscheibe lassen sich wunderschöne Ideen verwirklichen.
18,50 €; ISBN 978-3-943642-96-4

Diese Publikation zeigt in vier Themenkomplexen auf, wie Formen und Strukturen aus der Natur auf Keramiken übertragen werden können.

12,90 €; ISBN 978-3-00-029436-5

In diesem Buch findet der Hobby-Töpfer Anregungen für allerlei Nützliches und Witziges, das sein Wohn- und Lebensumfeld schöner und interessanter macht.

12,90 €; ISBN 978-3-00-029437-2

Dieses Buch fasst die drei Erfolgstitel aus der gleichnamigen Serie „Genial einfach Töpfern" zusammen. Es enthält eine Vielzahl von Ideen und Anregungen für den Hobbytöpfer. Neueinsteigern werden zudem Grundkenntnisse über den Umgang mit Ton vermittelt.
23,80 €; ISBN 978-3-943642-97-1

Dieses Buch möchte Mut machen, sich den eigenen Modewünschen mit der Nähmaschine zu nähern. Behandelt werden darin drei spannende Näh-Themen: Tasche, Rock, Jeans.

12,90 €; ISBN 978-3-943642-98-8

Durch einfache Einreibetechnik fertigen Sie sich unverwechselbares Geschirr. Ton(roh)formen veredeln durch Einschneiden von Schriftzügen und Mustern. Geschlagener Ton verzaubert durch bizarre Oberflächenstrukturen.

12,90 €; ISBN 978-3-00027391-9